AF509286

DESCRIPTION

D'UNE ESPÈCE DE

PARESSEUX

PENTADACTYLE,

Jusqu'ici inconnu, qui se trouve au

BENGALE,

Et qui en a été apporté vivant dans la MÉNAGERIE de

SON ALTESSE SÉRÉNISSIME

MONSEIGNEUR LE PRINCE D'ORANGE ET DE NASSAU, STADHOUDER HEREDITAIRE, GOUVERNEUR, CAPI-TAINE GENERAL ET AMIRAL DES PROVINCES-UNIES DES PAIS-BAS, &c. &c. &c.

PAR

A. VOSMAER,

Directeur des Cabinets d'Histoire Naturelle & de Curiosités de S. A. S., Membre de l'Académie Impériale, Correspondant de l'Académie Royale des Sciences de Paris, & Membre de la Société des Sciences de Zélande à Vlissingue.

A AMSTERDAM,
CHEZ PIERRE MEIJER.
M. DCC. LXX.

HISTOIRE NATURELLE

D U

PARESSEUX PENTADACTYLE

D U

B E N G A L E.

LE Pareſſeux, auquel Mr. DE BUFFON (*a*) n'aſſigne, pour patrie, que le Nouveau Monde, eſt une créature ſi ſurprenante, par ſon incroyable lenteur, qu'il s'eſt attiré l'attention de tous ſes ſpectateurs. Outre la difficulté qu'on a à ſe figurer, comment il a pu arriver auprès de Noé dans l'Arche, (à ſuppoſer que le Déluge aît été univerſel par toute la Terre) s'il eſt vrai que cet animal ne ſauroit faire cinquante pas en un jour dans ſon mouvement le plus rapide; ſa conformation, ſa voix plaintive, ſon aſſoupiſſement continuël, enfin, l'état à tous égards miſerable dans lequel il s'offre aux yeux, tout cela excite, tour à tour, des ſentimens naturels d'horreur & de compaſſion. Mais cet état eſt-il bien auſſi miſerable que ſon premier aſpect l'annonce, & que Mr. DE BUFFON nous le repréſente? Souvent nos premières idées nous font illuſion dans l'examen extérieur des êtres créés, dont nous ignorons les rapports à la Nature entière, ou à eux-mêmes. Combien de fois n'ai-je pas été détrompé à cet égard, par des recherches plus exactes? & ces nouvelles obſervations, me conduiſant à des idées plus générales, plus ſublimes, m'ont convaincu, que chaque être, relativement à ſoi-même, ou au tout pris enſemble, *étoit très bien*.

Loin de vouloir m'ériger en arbitre dans la ſcience de la Nature, & moins encore me donner pour réformateur de ces ouvrages merveilleux, dont la cenſure ſuppoſe la connoiſſance des

moyens

<hr>

(*a*) *Hiſtoire Naturelle*, Tom. 13. Pag. 34.

A 2

moyens d'amélioration, je déclare, au contraire, que j'envifage, fous un tout autre jour, l'affreufe mifère que Mr. DE BUFFON (*b*) attribue à cette créature. Le Tableau le plus magnifique feroit plat & desagréable, fans les ombres, les dégradations & les au-tres fecours de l'Art. Il en eft de même de la Nature. Son grand Architecte, qui a difpofé toutes chofes avec une fagefle impénétrable, n'a point jugé à propos que toutes fes créatures brillâs-fent d'une égale beauté de forme & de coloris, ni qu'elles fûffent douées de la même intelligence, de la même force, du même naturel doux ou féroce, d'une même lenteur, ou d'une même agilité. Que l'on compare le fuperbe Paon avec le difforme Dodo : le Singe & le Cheval, le Mouton & le Tigre, le Pares-feux & l'Ecureuil. Que l'on parcoure tous les Genres des ani-maux en général, & qu'on defcende, de la contemplation de ces
créatures

(*b*) Mr. DE BUFFON, parlant du Pareffeux, dit : ,, C'eft moins.pareffe que ,, mifère, c'eft défaut, c'eft dénuement, c'eft vice dans la conformation; point de ,, dents incifives ni canines, les yeux obfcurs & couverts, la mâchoire auffi lourde ,, qu'épaiffe, le poil plat & femblable à de l'herbe féchée, les cuiffes mal emboi-,, tées & presque hors des hanches, les jambes trop courtes, mal tournées, & en-,, core plus mal terminées : point d'affiette de pied, point de pouces, point de ,, doigts féparément mobiles; mais deux ou trois ongles exceffivement longs, re-,, courbés en deffous, qui ne peuvent fe mouvoir qu'enfemble, & nuifent plus à ,, marcher, qu'ils ne fervent à grimper: la lenteur, la ftupidité, l'abandon de fon ,, être, & même la douleur habituelle, réfultant de cette conformation bizarre & ,, négligée; point d'armes pour attaquer ou fe défendre; nul moyen de fécurité, ,, pas même en grattant la terre; nulle reffource de falut dans la fuite: confinés, je ,, ne dis pas au pays, mais à la motte de terre, à l'arbre fous lequel ils font nés; ,, prifonniers au milieu de l'efpace; ne pouvant parcourir qu'une toife en une heure; ,, grimpant avec peine, fe traînant avec douleur, une voix plaintive, & par accens ,, entrecoupés, qu'ils n'ofent élever que la nuit; tout annonce leur mifère, tout ,, nous rappelle ces monftres par défaut, ces ébauches imparfaites mille fois pro-,, jettées, exécutées par la Nature, qui ayant à peine la faculté d'exifter, n'ont dû ,, fubfifter qu'un tems, & ont été depuis effacées de la lifte des êtres; &, en effet, ,, fi les terres qu'habitent & l'Unau & l'Aï n'étoient pas des déferts; fi les hommes & ,, les animaux puiffans s'y fuffent anciennement multipliés, ces efpèces ne feroient ,, pas parvenues jufqu'à nous, elles euffent été détruites par les autres, comme elles ,, le feront un jour". *Tom. XIII. pag.* 38. &c.

créatures terribles, telles que le Crocodile, la Baleine & l'Eléphant, à celle de la Puce aquatique, du Puceron & des autres petits Infectes, imperceptibles à la vue fimple, & qu'on découvre à peine à l'aide de la plus forte Loupe. Qu'on life enfin le grand Livre de la Nature, dans les Oeuvres de la Création; qu'on obferve le naturel, les propriétés & l'œconomie des créatures; que de tableaux admirables ne vont pas s'offrir à nos yeux! On y verra que la chétive Taupe, qui habite dans des ténèbres éternelles, y mène une vie heureufe; & qu'un animal, comme le Pareffeux, deftiné, pour ainfi dire, à ne vivre que la nuit, confiné à l'arbre fous lequel il eft né, dormant même fur fes branches, &, fuivant Mr. DE BUFFON, ne fe nourriffant auffi que de feuilles & de fruits fauvages; qu'un tel animal, dis-je, eft formé & difpofé d'une façon analogue à fa maniere de vivre.

J'avoue, qu'à l'égard du Tableau de la Nature entière, cet animal paroît en être une ombre, une tache obfcure, & comme deftiné à rehauffer l'éclat des autres objets. Mais, confidéré en lui-même, & par rapport à fa nature, de quoi lui ferviroit une plus grande agilité? Pendant la nuit, lorfqu'il fe traîne fur les branches des arbres, elle ne pourroit que l'expofer à mille accidens. Malgré fa lenteur, on fait qu'il a une force incroyable dans fes pattes (c); elle lui eft néceffaire, ainfi que la ftructure difforme de fes pieds de derrière, pour fe tenir, dans l'obfcurité, & en dormant, attaché aux branches, & pour grimper d'un arbre fur l'autre. Il nous paroît qu'on doit abfolument rejetter le rapport de Mr. DE BUFFON, qui prétend que ces animaux, trop lents pour defcendre de l'arbre, font obligés de s'en laiffer tomber, comme un bloc, lorfqu'ils veulent être à terre (d).

Il

(c) Des Perfonnes dignes de foi m'ont affuré, au fujet du Pareffeux Américain, qu'il a une fi grande force dans les pattes, que fi on lui laiffe faifir une canne, il la ferre peu à peu tellement, qu'il la fait fendre.

(d) On ne peut mieux appliquer qu'ici cette judicieufe réflexion de Mr. DE BUFFON. „ Comme endoctriner des Ecoliers, (dit-il) ou parler à des Hommes,

A 3

„ font

Il ne me fâche pas moins de voir un Naturaliste, tel que **Mr.**
DE BUFFON, craindre l'extinction d'un Genre d'animaux, comme celui-ci, tandis qu'il s'est conservé depuis tant de siècles dans
l'état miserable qu'il lui suppose. Quelques créatures, à cause de
leur naturel nuisible, peuvent bien, ici ou là, être diminuées,
& même presque détruites ; mais pour ce qui est de leur anéan-
tissement total, la vigilante Nature prouve y avoir suffisamment
pourvu de toutes parts.

Mr. DE BUFFON se trompe grossièrement quand il dit (*e*)
que ces animaux n'ont point de dents. On n'a qu'à chercher,
quelques pages plus bas, dans son propre Ouvrage, l'exacte
description anatomique de Mr. DAUBENTON (*f*); & l'on sera

con-

,, font deux choses différentes; que les premiers reçoivent sans examen & même avec
,, avidité l'arbitraire comme le réël, le faux comme le vrai, dès qu'il leur est pré-
,, senté sous la forme de documens; que les autres, au contraire, rejettent avec dé-
,, goût ces mêmes documens, lorsqu'ils ne font pas fondés &c. ". *Histoire Naturelle,*
Tom. XIV. Pag. 1.

(*e*) ,, Point de dents incisives ni canines ". *Tom. XIII. pag.* 38. *idem* ,, Faute de
,, dents, ces pauvres animaux ne peuvent ni saisir une proie, ni se nourrir de chair,
,, ni même brouter l'herbe ; réduits à vivre de feuilles & de fruits sauvages ". *Pag.* 41.
& idem. ,, D'ailleurs le Paresseux & le Tatou font les seuls, parmi les quadrupèdes,
,, qui n'ayant ni dents incisives ni dents canines, ont seulement des dents molaires
,, cylindriques ". *Tom. IX. pag.* 90.

(*f*) ,, L'extrémité de la mâchoire supérieure est grosse, principalement sur les
,, côtés, qui font renflés par les dents canines ". *Tom. XIII. Pag.* 56. *idem.*
,, L'*Unau* n'a point de dents incisives dans la mâchoire de. dessus, ni dans celle de
,, dessous; mais il y a, dans les deux mâchoires, des dents canines & des mâche-
,, lières, une canine & quatre mâchelières de chaque côté de la mâchoire supérieu-
,, re, une canine & trois mâchelières de chaque côté de l'inférieure, ce qui ne fait
,, en tout que dix-huit dents ". *Pag.* 57.

Et un peu plus loin, Mr. DAUBENTON dit, dans sa description de l'*Aï*, ou
Paresseux tridactyle (car nous venons de parler de l'*Unau*, qui est didactyle):
,, Le nombre des dents étoit le même dans le squelette d'Aï & dans le squelette d'*Unau,*
,, que j'ai vus; les dents de la mâchoireu d dessous paroissoient ressemblantes pour la
,, figure & la situation, mais les deux premières de la mâchoire du dessus étoient
,, placées à proportion plus près l'une de l'autre dans l'Aï que dans l'Unau, & sem-
,, bloient avoir plus de rapport à des incisives qu'à des canines ; elles étoient très
,, petites, tandis que les canines du dessous étoient beaucoup plus grandes; la pre-
,, mière

convaincu du contraire. Je favois que ces animaux ne font
point dépourvus de dents, quoiqu'ils manquent des dents incifives, défaut commun à plufieurs autres Efpèces, & qui mordent
cependant avec violence. Après avoir donc rectifié cette erreur
avec Mr. DAUBENTON, qui décrit exactement, non feulement
les dents, mais auffi les mâchelières, dans les deux différentes
Efpèces de Pareffeux, nous donnons en même tems à confidérer,
s'il eft bien vrai que ces animaux ne vivent que de feuilles & de
fruits? mais nous aurons encore occafion de nous étendre davan-
tage fur ce fujet.

Suivant Mr. DE BUFFON, on ne connoît que deux Efpèces
de Pareffeux. Ce Savant donne, à la première, le nom de l'*U-
nau*, que nous appellons le *Pareffeux didactyle fans queue*; &, à
la feconde, celui de l'*Aï*, qui eft notre *Pareffeux tridactyle à courte
queue*. Le même Auteur place ces deux Efpèces dans le Nouveau Monde, ce qui eft jufte; mais il nie, en même tems, que
l'animal, qu'on nomme proprement Pareffeux, fe trouve dans
l'Ancien Monde. Nous avons déja fait voir, dans une de nos
Defcriptions précédentes (*g*), les erreurs auxquelles les fuppofitions
idéales font fujettes, en démontrant que le Philander, contre le
fentiment de Mr. DE BUFFON, exifte auffi bien en Afie qu'en
Amérique; & que le Myrmécophage eft originaire de l'Afrique
comme de l'Amérique. La même remarque aura encore lieu ici,
puifque nous allons joindre, à ceux de SEBA, un quatrième Pares-
feux, qui a fa demeure en Afie. Les conféquences fondées fur
l'expérience, & dont Mr. DE BUFFON fe fert fréquemment,
font, je l'avoue, fouvent néceffaires & d'utilité, dans des cas où
l'on ne peut faire autrement; mais il faut avoir pour foi un principe

de

» mière des mâchelières du deffus fe trouvoit placée plus en avant que dans l'Unau;
» les mâchelières de l'Aï, au lieu d'être pointuës, comme celles de l'Unau, étoient
» terminées par une face concave ". *Pag.* 64 & 65.

(g) *Defcription du grand Ecureuil volant à longue queue des Indes Orientales.*

de vérité fur lequel on s'appuie, fans quoi l'on ne doit donner
fes propres idées que pour des conjeétures approchantes de la
vérité, mais nullement pour des vérités certaines.

F. VALENTYN (*h*) eft le premier que je fache avoir dit
déja, que le Pareffeux fe trouve dans l'Ancien Monde. La con-
noiffance fuperficielle de cet Ecrivain dans différentes parties de
l'Hiftoire Naturelle, n'eft pas un motif fuffifant pour rejetter le
tout, puifqu'il a certainement auffi du bon, comme nous l'avons
prouvé dans nos Differtations précédentes.

A. SEBA (*i*) donne entr'autres deux Pareffeux de Ceylan, la
mère avec fon petit, qui, à la figure, paroiffent être de l'Efpèce
de l'*Unau*, que Mr. DE BUFFON prétend n'exifter que dans le
Nouveau Monde. J'ai moi-même acheté fort cher, à la vente
du Cabinet de SEBA, le plus grand des deux, favoir la mère (*k*),
qui fe conferve encore dans le Cabinet du PRINCE; & l'on
doit avouër qu'il n'y a guères de différence entre ce Pareffeux,
que SEBA dit être de Ceylan, & celui de l'Amérique. La tête
du premier me paroît feulement un peu plus arrondie, & un peu
plus remplie ou moins enfoncée auprès du nez, que dans le der-
nier. Je conviens qu'il eft étonnant de voir tant de reffemblance
entre deux animaux de Contrées auffi éloignées que l'Afie & l'A-
mérique; mais nous avons déja prouve ci-deffus & ailleurs,
avec toute la certitude poffible, la même chofe à l'égard du Philander & du Myrmécophage. Objeéter à celà, comme Mr. DE
BUFFON femble vouloir l'infinuer, que ce Pareffeux peut avoir
été tranfporté de l'Amérique en Afie, c'eft ce qui n'eft nullement
croyable.

(*h*) „ Il y a, dans cette Ifle, (dit *Valentyn*,) différentes efpèces d'animaux,
„ tant fauvages que domeftiques ", dont il fait l'énumération, „ & entr'autres le Pareffeux ". Et un peu plus bas, nommant encore ces animaux, il ajoute: „ Le Pa-
„ reffeux fe trouve auffi ici ". *Befchryving van Oud en Nieuw Ooft-Indiën V. Deel;*
&, dans ce Volume, la *Defcr. de Ceylan*, pag. 53.

(*i*) *Thefaurus*, *Tom. I. Tab. XXXIII. fig.* 4. & *Tab. XXXIV.*

(*k*) *Idem. Tab. XXXIV.*

croyable. Nos Européens, dans ces Contrées-là, ont des occupations & des vues trop différentes, pour s'embarraffer de l'Hiftoire Naturelle, ou de faire tranfporter des animaux qui leur font inutiles. Tout le monde fait la réponfe qu'un Amateur de l'Hiftoire Naturelle reçut de fon ami aux Indes, qu'il avoit prié de lui envoyer quelques Infectes: „ Je ne fuis point venu ici pour pren-„ dre des mouches ” lui écrivit-il; &, en effet, les Gens oififs ne font guères fortune aux Indes. Il eft vrai que dans ma Defcription du Serpent à Sonnette j'ai contredit le même SEBA, en un cas pareil; mais je ne l'ai fait que par manière de doute, & celà parce qu'aucun Voyageur ne m'affuroit que ce Serpent fe trouvât aux Indes Orientales. Ici, au contraire, VALENTYN dit que le Pareffeux s'y rencontre, & SEBA, qu'il l'a reçu de Ceylan. Ainfi voilà deux témoignages en faveur de ma thèfe.

Après ces digreffions, que nous avons jugées néceffaires pour engager les Naturaliftes à faire d'autres recherches touchant les différentes efpèces de Pareffeux, nous revenons enfin à l'objet principal de la préfente Defcription, laiffant au tems à découvrir, fi le Pareffeux de Mr. SEBA, qui reffemble fi fort à celui des Indes Occidentales, fe trouve réellement auffi dans l'Ifle de Ceylan.

L'animal que nous nous propofons de faire connoître, n'a jamais encore été décrit, du moins que nous fachions. Il paroît former une Efpèce intermédiaire (eu égard uniquement à la figure extérieure) entre les Pareffeux vulgaires & connus des Indes Occidentales, & ces animaux finguliers, que Mr. SEBA nomme auffi *Pareffeux fluets de Ceylan* (1); mais auxquels Mr. DE BUFFON

donne

____

(1) *Idem. Pag.* 55. *Tab. XXXV. fig.* 1. & 2. „ Petit animal de Ceylan (dit „ SEBA, nommé le Pareffeux, à tête de chien, & de la forme d'un finge ”. Cependant il ne lui reffemble guères. *Idem. Pag.* 75. *Tab. XLVII. fig.* 1. „ Le „ Pareffeux de Ceylan, de la plus grande efpèce ”. Mr. SEBA, qui a reçu de ces petits animaux peu différens entr'eux, fous le nom qu'il leur a laiffé de Pareffeux, ne croit pourtant pas que ce foient des Pareffeux, à caufe de la longueur de leurs pieds, quoique ce ne foit point-là une raifon fuffifante.

B

donne le nom de *Loris* (*m*). Au premier coup d’œil notre
fujet même ne femble différer que très peu de ceux-ci; mais en
l’examinant de plus près, l’on apperçoit des caractères qui les
font diftinguer d’abord.   Les griffes aux doigts des pieds de devant
& de derrière font parfaitement femblables à ceux des derniers;
mais le bras, principalement des pieds de devant, eft dans celui-
ci beaucoup plus court & plus gros.   Son corps n’eft point fi
fluet, ni fi mince; il eft beaucoup plus charnu auprès des cuiffes.
& il a un petit commencement de queue.   La tête ne fe diftin-
gue pas fi bien du corps, auquel le poil laineux, ferré & droit
la fait paroître plus intimement unie.   Les oreilles, dans celui-ci,
font cachées fous le poil, ce qui, joint à fes jambes, moins lon-
gues, & à fes propriétés naturelles, dont nous parlerons dans la
fuite, le rend plus reffemblant au Pareffeux vulgaire & connu
des Indes Occidentales, qu’au Pareffeux fluet de Ceylan de SEBA,
le *Loris* de Mr. DE BUFFON.

Avant que de paffer à la manière de vivre de cet animal, il ne
fera pas inutile d’alléguer les raifons qui nous le font appeller Pareffeux, quoiqu’il diffère beaucoup de ceux de l’Efpèce commune,
fur-tout dans la conformation des griffes.   C’eft, en premier lieu,
parcequ’il nous a été envoyé de Bengale, & qu’il y eft connu
fous ce nom.   En fecond lieu, & principalement à caufe du
rapport de propriété naturelle, qu’a cet animal, dans fa lenteur,
avec le Pareffeux, ainfi qu’on le verra ci-deffous.   D’ailleurs nous
préférons, à l’exemple de plufieurs anciens Ecrivains, de confer-
ver toujours, autant qu’il eft poffible, les noms qui défignent la
propriété; cela foulage la mémoire & un tel nom rappelle en
même

(*m*) Mr. DE BUFFON dit, *Tom XIII.* pag. 210, que nous avons donné le nom
de *Loeris* à cet animal; cependant je ne l’ai jamais rencontré fous cette dénomination, fi ce n’eft dans le Catalogue feul du *Mufeum Petropolit.* pag. 339., où il y a
fimplement, *Belgis* cen *Loeris*, & que cette efpèce eft appellée un Singe. Dans
tous les Cabinets où j’ai vu ces petits animaux, j’ai trouvé la dénomination de Pareffeux.

même tems la propriété en queſtion.   Enfin ce nom n'a pas été donné fortuitement à ces animaux, il ne dérive point de leur forme, mais uniquement de la lenteur & de la pareſſe qui domine en eux.   Du reſte comme nous n'écrivons point pour ces Natura-liſtes ſuperficiels, qui s'occupent plus à la collection des objets qu'à leur contemplation, il nous eſt fort indifférent qu'ils approuvent ou qu'ils condamnent notre méthode.   Déja nous les entendons demander, comment ce Pareſſeux à cinq doigts pourra-t'il figurer au rang des Didactyles & des Tridactyles?   Mais peu m'importe, tant que je reſte dans l'idée (& c'eſt une Loi de la Nature qu'il n'eſt pas aiſé de renverſer) que les Syſtèmes doivent ſuivre les Etres naturels, & non les Etres naturels ſe ranger ſelon les Syſtèmes.   Les perſonnes, qui ont tant ſoit peu d'expérience, voient aſſez, que le Genre des Pareſſeux ſe diviſe par-là en trois Eſpèces différentes, puiſqu'on en trouve déja à deux & à trois doigts.   Mais peut-être le tems, qui dévoile tout, ajoutera-t'il bien encore le Pareſſeux fluet de SEBA à celui-ci de Bengale; opinion dont nous ne ſommes point éloignés; &, en ce cas, l'on comptera cinq, ſi non ſix variétés dans quatre Eſpèces de Pareſſeux, ſavoir le Didactyle, & le Tridactyle de l'Amérique, & le Didactyle de Ceylan: Ce Pentadactyle de Bengale, & l'une ou les deux Eſpèces des Pareſſeux fluets de Ceylan à cinq doigts, de SEBA, que Mr. DE BUFFON nomme *Loris*, & qu'il croit ne former qu'une Eſpèce, ce que nous conteſtons encore (*n*).

Le

(*n*) Cette Deſcription étant preſque achevée, Monſieur DE JONG, qui a rempli, pendant trente-deux ans, différens emplois importans à Ceylan, & ſur la Côte de Malabar, m'aſſure avoir vu pluſieurs fois ces petits animaux, ſavoir les Pareſſeux Pentadactyles fluets de SEBA, & les *Loeris* de Mr. DE BUFFON, ajoûtant; „que „ ce ſont des animaux exceſſivement pareſſeux & lents; qu'ils dorment tout le jour, „ & qu'encore qu'on les chaſſe, ils n'en marchent pas plus vite, mais lèvent pé- „ ſamment les pieds l'un après l'autre, & qu'ils ſont connus généralement à Ceylan „ ſous le nom de Pareſſeux ".   Quant à l'autre Eſpèce de SEBA, le Didactyle, elle lui étoit inconnuë.

Le 25 Juin 1768, je reçus cet animal fingulier, qui m'avoit été envoyé, fous le nom de Pareffeux de Bengale, par les foins de Mr. VERNET, Directeur, pour la Ménagerie de SON ALTESSE SÉRÉNISSIME. La curiofité d'obferver de près un animal fi étrange, m'engagea, malgré fon odeur desagréable, à le prendre dans ma Chambre pour le confidérer à mon aife, ce qui m'a mis en état d'en rapporter avec certitude les circonftances fuivantes.

Il dormoit tout le jour jufques vers le foir, &, fe trouvant ici en Eté, il ne s'éveilloit qu'à 8 heures & demie. Enfermé dans une Cage, de forme quarrée oblongue, garnie d'un treillis de fer, il dormoit conftamment affis fur fon derrière tout auprès du treillis, la tête penchée en avant entre les pattes antérieures, repliées contre le ventre. Dans cette attitude, il fe tenoit toujours, en dormant, très-fermement attaché au treillis, par les deux pattes de derrière, & fouvent encore par une des pattes antérieures. Cette étrange propriété me fait fuppofer avec fondement, que l'animal d'ordinaire dort fur les arbres, & fe tient attaché aux branches qui l'environnent.

Son mouvement, étant éveillé, étoit extrêmement lent, &, depuis le commencement jufqu'à la fin, toujours le même. Se traînant de barre en barre, il en empoignoit une par le haut, avec les pattes antérieures, & ne la quittoit jamais qu'une de ces pattes de devant n'eût faifi lentement & bien fermement, une autre barre du treillis. Quand il rampoit à terre fur le foin, il fe mouvoit avec la même lenteur, pofant un pied après l'autre, comme s'il eut été perclus, & dans ce mouvement il n'élevoit le corps que tant foit peu, & ne faifoit que fe traîner en avant la plupart du tems, de forte que le plus fouvent il y avoit à peine un doigt de diftance entre fon ventre & la terre. Envain le chaffoit-on en paffant un bâton à travers le treillis, il ne lâchoit pas pour celà prife; fi on le pouffoit trop rudement, il mordoit le bâton, & c'étoit-là toute fa défenfe.

Sur le foir il s'éveilloit peu à peu, comme quelqu'un dont on

inter-

interromproit le fommeil après avoir veillé longtems. Son premier foin étoit de manger; car de jour les momens étoient trop précieux pour les ravir à fon repos. Après s'être acquitté de cette fonction, affez vîte encore pour un pareffeux comme lui, il fe débarraffoit du foupé de la veille. Son urine avoit une odeur forte, pénétrante & desagréable. Sa fiente reffembloit à de petites crottes de Brebis.

Son aliment ordinaire, au rapport du Capitaine du Vaiffeau, qui l'avoit pris à bord, n'étoit que du riz, cuit fort épais, & jamais on ne le voyoit boire.

Perfuadé que ces animaux ne refuferoient pas d'autre nourriture fi on la leur préfentoit, je voulus en faire l'épreuve. Pour cet effet, je lui donnai une branche de tilleul avec fes feuilles; mais il la rejetta; les fruits, tels que les poires & les cerifes, étoient plus de fon goût; il laiffoit le plus fouvent les noyaux des dernières, qu'il préféroit de beaucoup aux grofeilles. Il mangeoit volontiers du pain fec & du bifcuit; mais fi on le trempoit dans l'eau il n'y touchoit pas, ce qui confirme le rapport du Capitaine; auffi chaque fois qu'on lui préfentoit de l'eau, il fe contentoit de la flairer, fans en boire. Il aimoit à la fureur les œufs, dont il brifoit à coups de dents la coque, & léchoit fort avidement le blanc & le jaune.

Souvent, quand il mangeoit, il fe fervoit de fes pattes & de fes doigts de devant, comme les Ecureuils, pour prendre & porter à fa bouche une cerife, une poire, ou du riz cuit.

L'expérience des œufs m'ayant prouvé qu'il ne rebutoit pas ce qui provenoit d'animaux, je me perfuadai que les animaux mêmes ne lui feroient point indifférens. Le 11 Juillet au foir, je me fis apporter un Moineau, que je mis dans une Cage devant le Pareffeux. D'abord il fixa fes yeux perçants fur cet objet, & levant lentement une patte après l'autre, il s'avança tout proche du treillis. Ayant ouvert la Cage de l'Oifeau, mon Domeftique en fit autant de celle du Pareffeux, qui étoit affis vis-à-vis.. Nous avions

deffein

deffein d'y chaffer le Moineau, mais l'animal ne nous en laiffa pas le tems; il fe fourra à moitié corps dans la Cage, faifit l'Oifeau, le tira dans la fienne, le tua d'abord d'un coup de dent, & le mangea tout entier fort goulument avec plumes, bec, pieds & os, après s'être auparavant repu de pain fec & de cerifes. Il ne laiffoit rien d'un Oifeau que les groffes pennes des ailes & de la queuë.

On doit remarquer une fois pour toutes, que quelque lent que fût cet animal dans fes mouvemens ordinaires, il mangeoit avec viteffe, & fi on lui donnoit quelque bête vivante, après s'en être approché pas à pas, il la faififfoit, de l'une de fes pattes, avec une agilité & une promptitude admirables, fans jamais man-quer fa proie, qui ne pouvoit jamais non plus échapper de fa griffe.

Nous avons déja dit qu'il dormoit tout le jour; mais en échange nous croyons auffi qu'il paffoit la meilleure partie de la nuit dans une motion lente. Je l'ai vu fouvent encore éveillé à deux heures après minuit, mais dès les fix heures & demie du matin on le trouvoit profondément endormi, au point qu'on pouvoit nettoyer fa Cage fans le troubler dans fon repos. Pendant le jour, étant éveillé à force d'être agacé, il fe fâchoit & mordoit le bâton, mais le tout avec un mouvement lent, fous le cri continuel & réitéré d'*Aï*, *Aï*, *Aï*, traînant fort longtems chaque *Aï*, d'un ton plaintif, langoureux & tremblant, de la même manière qu'on le rapporte du Pareffeux de l'Amérique. Après l'avoir ainfi long-tems tourmenté & bien éveillé, il rampoit deux ou trois tours dans fa Cage, mais fe rendormoit tout de fuite.

Deux jours après la première expérience que j'avois faite avec l'Oifeau, je lui donnai, le foir, quatre cerifes, qu'il mangea de fort bon appétit. Curieux d'éprouver fi les Infectes étoient auffi de fon goût, je lui jettai un Haneton vivant (*o*). Il s'en ap-procha immédiatement, le prit tout-à-coup dans fa patte & le

mangea

(*o*) Le *Fullo* de LINNÆUS, Scarab. Spec. 57. Edit. XII.

mangea en entier avec corcelet & étuis, sans en rien laisser de reste. Ensuite je lui donnai encore un Moineau, auprès duquel s'étant traîné lentement, il le saisit aussi de la patte avec beaucoup de promptitude. Après en avoir mangé une partie, il le laissa & se mit à dormir, quoique la soirée fût déja bien avancée. Son sommeil n'ayant pas été de longue durée, il reprit l'Oiseau en s'éveillant, & acheva de le ronger fort proprement jusqu'aux os. Là-dessus il mangea encore du riz fraichement cuit, & un morceau de pain sec. Celà fait, je le vis avec étonnement se disposer à prendre son repos, & lorsque j'allai me coucher à une heure après minuit, il dormoit encore fort tranquillement.

Le 16 Août à onze heures du matin, honoré de la visite de Leurs Altesses Royale et Sérénissime, Monseigneur le Prince Henry de Prusse, & Monseigneur le Prince Stad-houder Héréditaire, avec d'autres Personnes de leur suite, je leur fis voir le Paresseux, & l'ayant bien éveillé, je lui donnai un Pinçon. L'Oiseau vola droit au coin de la Cage, où étoit le Paresseux, qui le saisit fort brusquement, demeurant assis & se tenant des pattes de derrière autreillis, mais enfin ne pouvant pas commodément avaller l'Oiseau dans cette situation, il se coucha moitié sur le côté & sur le dos, & le mangea avec beaucoup d'appétit, sans aban-donner le treillis de ses pattes de derrière; après quoi il dormit tout le reste de la journée.

Cet animal m'a paru être traitre de son naturel; car un jour desirant savoir comment étoit faite sa langue, que je trouvai fort rude, je lui donnai mon doigt, qu'il lécha d'abord, mais il voulut ensuite le mordre, ce qui ne lui réussit pourtant pas.

Peu de jours après, étant parti pour une de nos Provinces les plus éloignées, je fus obligé de suspendre les expériences, que je me proposois de faire encore. Cet animal ne donnant pas le moindre signe de maladie, j'espérois de le garder longtems en vie; mais au bout de quelques semaines, j'appris, avec beaucoup de chagrin, qu'il étoit mort, le 26 Septembre, peu de tems avant

mon

mon retour; & comme on l'avoit déja empaillé, nous nous fom-mes vus par-là fruftrés d'obfervations ultérieures, concernant les parties de la génération, & fa ftructure intérieure.

Après avoir décrit jufqu'ici , autant qu'il a été poffible, les propriétés naturelles du Pareffeux des Indes Orientales , dont l'exiftence eft fi pofitivement conteftée par Mr. DE BUFFON, il nous refte encore à fixer pour quelques inftans l'attention de nos Lecteurs fur les reffemblances marquées qui fe trouvent entre notre Pareffeux des Indes Orientales & celui de l'Amérique.

La lenteur eft une propriété commune à cette nouvelle Efpèce de l'Ancien Continent & à celle du Nouveau Monde; car la dif-férence, ou le degré de cette lenteur, ne peut venir ici en aucune confidération, attendu que les Ecrivains, que Mr. DE BUFFON cite à ce fujet, ne font pas même d'accord entr'eux. L'un fait avancer le Pareffeux Américain d'un jet de pierre en quinze jours, l'autre le fait marcher cinquante pas en un jour, & un troifième, que Mr. DE BUFFON croit approcher le plus de la vérité, (ce dont nous ne convenons cependant point encore) donne, au Pareffeux Américain , une journée entière pour faire un quart d'heure de chemin. Car comment quadre tout cela? quand, d'après Mr. DE BUFFON, nous entendons dire à Mr. le Marquis DE MONTMIRAIL lui-même, qui a eu l'*Unau* trois ans vivant dans fa Ménagerie, que fon Pareffeux montoit & defcendoit plu-fieurs fois en un jour le plus haut Arbre. La relation très-précife & très-fatisfaifante, que nous donne Mr. DE MONTMIRAIL, en qualité d'Obfervateur & de Témoin oculaire, me vaut plus que celle de tout autre. Si je ne me trompe, j'ai eu l'honneur de rencontrer cet obligeant Seigneur, chez SON EXCELLENCE Mr. LE COMTE D'AFFRY, qui, pendant fon Ambaffade, m'a comblé de politeffes, que je me rappelle toujours avec reconnois-fance. Mr. le Marquis, après le dîné, eut la bonté de m'inviter à fon Logement , & de m'y faire voir cet animal fingulier, qu'il avoit acheté à Amfterdam.

Mais

Mais quittons cette digreſſion, que la gratitude exigeoit de nous, pour revenir à notre ſujet. Ce Pareſſeux des Indes Orientales, comme celui de l'Amérique, dort tout le jour. Agacé & pouſſé pour le faire aller vite, il eſt auſſi rétif que l'autre. Celui-ci ne boit pas non plus. L'un & l'autre ne craignent ni ne recon-noiſſent perſonne. Le poil de celui-ci, quoique laineux, n'eſt auſſi rien moins que doux, mais plutôt rude au toucher. Il mange de la même façon, hors de ſa patte, & encore étant ſuſpendu la tête en-bas, ou giſant à terre. Quand il dormoit, il étoit pendu ou aſſis, ſe tenant ferme au treillis de ſa cage, & ſon attitude favorite, comme l'Américain, étoit de ſe tenir, ou de ſe pendre à quelque choſe. Son cri, égal à celui de l'Américain, exprimoit parfaitement, d'une voix baſſe & plaintive, *Aï*, *Aï*, *Aï*. Enfin, tout ſon aſpect, tel qu'il ſe conſerve encore, très bien empaillé, dans le Cabinet, annonce la même lenteur, la même pareſſe, la même figure, qui ſe fait remarquer dans l'*Unau* di-dactyle de l'Amérique.

Après tout ce que nous venons d'alléguer, nous laiſſons au Lecteur impartial à juger, de quel droit nous avons ſoutenu l'exi-ſtence du Pareſſeux dans l'Ancien Continent, contre le ſentiment de Mr. DE BUFFON, à l'habileté & aux lumières duquel nous rendons d'ailleurs bien juſtice. Si nous avons le bonheur, qu'on nous fait eſpérer, de voir arriver ici des Pareſſeux vivans du Nou-veau Monde, nous ſerons en état de faire connoître à nos Com-patriotes la vérité dont nous aurons été les Témoins oculaires. Nous ſerons fort trompés s'ils ne mangent pas auſſi, comme celui-ci, des Oiſeaux & des Inſectes.

Au rang des Quadrupèdes, ce Pareſſeux ſemble être apparenté de près avec le *Loris*, que nous appellons le Pareſſeux fluet de SEBA, & le *Tarſier* de Mr. DE BUFFON, ainſi que ſon *Makis*, qui ſont connus chez nous ſous le nom de *Surikat*.

C

DESCRIPTION

DESCRIPTION

DU

PARESSEUX PENTADACTYLE

DU

BENGALE.

Tab. VI.

ON peut fuffifamment juger de la grandeur de cet animal fi je dis que la longueur, depuis le fommet de la tête jufqu'à l'anus, eft de treize pouces. La Figure qu'on en donne ici, & qui eft très exacte, montre quelle eft la conformation de tout le corps.

Il a la Tête prefque ronde, n'ayant que le Mufeau qui foit un peu pointu. Les Oreilles font fort minces, ovales & droites, mais prefque entiérement cachées fous le poil laineux, & en de-dans auffi velues. Les Yeux font placés fur le devant du front, immédiatement au-deffus du Nez, & tout proches l'un de l'autre. Ils font parfaitement orbiculaires, & fort gros à proportion du corps. La couleur eft le brun-obfcur. La Prunelle étoit fort petite de jour, quand on éveilloit l'animal, mais elle groffiffoit par degrés à un point confidérable ; Lorfqu'il s'éveilloit le foir, & qu'on apportoit la chandelle, on voyoit également cette Prunelle s'étendre & occuper à-peu-près toute la rondeur de l'œil. Le Nez eft petit, applati en devant, & ouvert fur les côtés.

La mâchoire inférieure a, au devant du Mufeau, quatre dents incifives étroites & plattes, fuivies, des deux côtés, d'une plus grande, & enfin des deux groffes dents canines. Après la dent canine viennent, de chaque côté, encore deux dents rondes &
pointuës,

L. Schoeman, ad viv. del.
S. Fokke sculp.

pointuës, faifant ainfi en tout douze dents. Du refte, pour autant que je puis voir dans le mufeau, il y a, de chaque côté, deux ou trois mâchelières. La mâchoire fupérieure, n'a, au devant, dans le milieu, que deux petites dents écartées, un peu plus loin, deux petites dents canines, une de chaque côté, après lefquelles fuivent, auffi de chaque côté, encore deux dents plus petites, & deux ou trois mâchelières; ce qui fait en tout huit dents, fans compter les mâchelières.

La Langue eft paffablement épaiffe & longue, arrondie en devant, & rude.

Le Poil eft affez long, fin & laineux, mais rude au toucher. Sa couleur eft en général le gris, ou cendré jaunâtre clair, un peu plus roux fur les flancs & aux jambes. Autour des yeux & des oreilles la couleur eft auffi un peu plus foncée, & depuis la tête tout le long du dos règne une raie brune.

Cet animal a une petite apparence de queuë, d'environ deux ou trois lignes de longueur.

Les doigts des pieds de devant font au nombre de cinq. Le pouce eft plus long & plus gros que les autres doigts, dont celui du milieu eft le plus long, & celui de devant le plus court. Les ongles font comme ceux de l'homme.

Les doigts des pieds de derriere font conformés de même, à l'exception que, dans ceux-ci, l'ongle du doigt antérieur eft fort long & fe termine en pointe aiguë. Les doigts me paroiffent tous avoir trois articulations; ils font tant foit peu velus en deffus, mais fans poils en deffous, & garnis d'une forte pellicule brune.

La longueur des pieds de devant eft d'environ fix pouces, & celle des pieds de derrière, d'environ huit pouces.

Il m'a paru être du fexe mafculin.

F I N.